Franz Peter Bremer

Zur Erinnerung an die Straßburger Savignyfeier vom 21. Februar 1879

Franz Peter Bremer

Zur Erinnerung an die Straßburger Savignyfeier vom 21. Februar 1879

ISBN/EAN: 9783744611626

Hergestellt in Europa, USA, Kanada, Australien, Japan

Cover: Foto ©ninafisch / pixelio.de

Weitere Bücher finden Sie auf **www.hansebooks.com**

ZUR ERINNERUNG

an die

STRASSBURGER

SAVIGNY-FEIER

vom

21. Februar 1879.

VORTRAG

von

Dr F. P. BREMER

Professor des römischen Rechts.

STRASSBURG

Universitäts-Buchdruckerei von J. H. Ed. Heitz.

1879.

VORBEMERKUNG.

Der bei der Strassburger Savigny-Feier am 21. Februar im Auftrag des Festcomite's gehaltene Vortrag wird auf den Wunsch desselben für die Festtheilnehmer hiermit dem Druck übergeben.

Manches, was damals noch zu sagen gewesen wäre, aber wegen Kürze der Zeit ausfallen musste, ist jetzt eingefügt, so dass der Vortrag in nicht unwesentlich erweiterter Gestalt erscheint.

Strassburg, Ende Februar 1879.

Wo keine anderen Quellen genannt sind (s. den Schluss), stützt sich die Darstellung auf folgende Schriften:

v. S t i n t z i n g : Friedrich Karl von Savigny. Ein Beitrag zu seiner Würdigung. Berlin 1862.

R u d o r f f : Friedrich Karl von Savigny. Erinnerung an sein Wesen und Wirken. Zeitschr. für Rechtsgesch., II (1863), S. 1-68.

v. B e t h m a n n - H o l l w e g : Erinnerung an Friedrich Karl von Savigny als Rechtslehrer, Staatsmann und Christ. Ebendaselbst, VI (1867), S. 42-81.

Im Uebrigen vgl. noch:

I h e r i n g : Friedrich Karl von Savigny. «Zeit.» 1861. Beilage zu Nr. 180-81, 184-85.

S o h m : Die deutsche Rechtsentwicklung und die Codifica-tionsfrage. Grünhut's Zeitschrift, I (1874), S. 369 ff.

M e r k e l : Ueber den Begriff der Entwicklung in seiner An-wendung auf Recht und Gesellschaft. Ebendaselbst, III (1876), S. 625 ff.

In dieser Stunde ist das Band, das die Jünger der Wissenschaft verbindet, sichtbar vor aller Augen. Zu dieser Stunde versammelt sich festlich im Nord und Süd des deutschen Vaterlandes die akademische Jugend, voran die, der nach kurzer Frist die Handhabung der Gesetze des deutschen Reiches oder die Lehre seines Rechts anvertraut sein wird.

Ueberall feiern sie das Andenken eines Mannes, der unserer Wissenschaft, wie kein zweiter, auf lange hinaus das Gepräge seines Geistes verliehen hat. Wohl keinem von uns ist dieser Mann persönlich in Erinnerung, wenngleich er erst 1861 aus dem Leben geschieden ist.

Auch die meisten seiner zahlreichen S c h ü l e r sind dem grossen Lehrer bereits nachgefolgt. Die jetzt auf deutschen Universitäten als Lehrer des römischen Rechts wirken, sind nur S c h ü l e r von s e i n e n S c h ü l e r n.

Die jetzt studirende Jugend aber nimmt Savigny's Werke hin als Etwas, was gar nicht anders sein könne. Sie hat es natürlich nicht erlebt, und wohl auch kaum durch einen Vergleich mit der früheren — durch Savigny in den Hintergrund gedrängten — Literatur erkannt, welch' unendlichen Fortschritt seine Werke auf dem mühsamen Wege unserer Wissenschaft documentiren.

Was Gœthe für die Poesie, das ist Savigny für die Wissenschaft des Rechts [1]. Gœthe selbst constatirt mit Genugthuung, wie durch Savigny die Achtung vor unserer Wissenschaft bei dem Nachbarvolke begründet worden [2]. Wanderten einstmals unsere Väter über die Alpen nach Bologna und dann im 16. Jahrhundert nach Bourges und Orleans, um einen Cuiacius oder Donellus zu hören, so machen jetzt Italiener und Franzosen sich die deutsche Wissenschaft des römischen Rechts zu eigen, die Wissenschaft, deren Begründer unser Savigny ist.

In seiner berühmten Schrift über den Beruf unserer Zeit zur Gesetzgebung stellt Savigny die Anforderung, dass wir den geschichtlichen Sinn gegen uns selbst kehren sollen.

Meine Absicht ist nun, davon auf Savigny Anwendung zu machen, ihn zu betrachten als selbst in der Geschichte lebend, unter den mannigfaltigsten Einflüssen der Vorzeit und Gegenwart stehend.

Die v. Savigny'sche Familie gehörte zu der Ritterschaft des Herzogthums Lothringen. Wie ein Vorfahr seines späteren Gegners Thibaut, des berühmten Heidelberger Pandektisten [3], wanderte auch ein Ahnherr Savigny's seines bedrängten protestantischen Glaubens wegen nach Deutschland ein [4].

Savigny's Grossvater war Regierungs-Direktor in Zwei-
brücken, sein Vater lebte als Vertreter mehrerer Rhein.
Fürsten zu Frankfurt a/M. Hier, in Gœthe's Vaterstadt,
ward auch unser Held geboren, zu einer Zeit, als der
Dichterfürst schon auf der Höhe seines Ruhmes stand,
am heutigen Tage vor nun 100 Jahren! Der junge
Friedrich Carl verlor noch als Knabe
Vater und Mutter, und die Vormundschaft fiel einem
Reichs-Kammergerichts-Assessor in Wetzlar zu.

Herr v. Neurath, der als gründlicher Kenner des
deutschen Staatsrechts einen Namen hatte, führte selbst
seinen Mündel in die Geheimnisse der Institutionen ein
und zwar so, dass er ihm ein Frage- und Antworten-
heft zum Auswendiglernen gab.

Bekanntlich hatte auch Gœthe sich hier in Strassburg
mit ähnlichen Heften, die ihm ein Repetent gegeben
hatte, zum juristischen Doctorexamen vorbereitet.

Zu Ostern 1795 zog Savigny als 16jähriger Jüngling
auf die Universität Marburg. Von seinen dortigen Lehrern gedachte er später stets mit grosser Dankbarkeit
des Prof. Weiss. Ein eifriger und gelehrter Sammler
der mittelalterlichen Rechtsliteratur war Weiss in der
Geschichte des römischen Rechts genau bewandert, und
wusste auch seinem Schüler ein solches Interesse an
diesen Forschungen einzuflössen, dass Savigny sich bald
selbst mit dem Plane eines literarhistorischen Werkes
trug.

Für den Winter 96 siedelte Savigny nach Göttingen
über, wo, ausser dem Historiker Spittler[5], dem Schwie-
gervater unseres ehrwürdigen v. Wächter, auch Hugo,
der Begründer der neueren römischen Rechtsgeschichte,
ein Schüler Spittler's, viele Hörer anzog.

Da aber Savigny die römischen Disciplinen bereits

absolvirt hatte, so besuchte er Hugo's Vorlesungen nur gelegentlich, studirte aber um so eifriger seine Werke, die ihn anregten wie keine andern [6].

Hugo war es, der von Anfang an die historisch-systematische Methode eifrig empfohlen hatte. Auch bei Gründung seines civilistischen Magazins (1790) verkündete er, dass er von den Vorzügen dieser Methode so oft und so stark sprechen werde, als er nur könne. Dabei hatte er schon im Jahr 1789 aus der Umwandlung, welche die Theologie durchgemacht hatte, den Schluss gezogen, dass auch der Jurisprudenz eine Revolution bevorstehe, ja erklärt, dass die Juristen sie beschleunigen könnten, wenn sie die Quellen und die Schicksale ihrer Wissenschaft so eifrig studirten, wie die besseren Theologen Exegese und Kirchengeschichte.

Die übrigen Juristen in Göttingen konnten Savigny nicht fesseln; dagegen riss Spittler's oratorische Eleganz ihn zur Bewunderung hin.

Ein Blutsturz nöthigte, die allzu eifrig betriebenen Studien zu unterbrechen; aber bereits stand Savigny's Entschluss fest, sich in Marburg für Strafrecht zu habilitiren. Im Oktober 1800 promovirte er hier mit einer strafrechtlichen Abhandlung, von der Jacob Grimm [7] meinte, Savigny habe hier n i c h t die Klaue hervorgestreckt, die den Löwen erkennen liesse.

Im folgenden Winter eröffnete er dann seine akademische Thätigkeit, die einen Zeitraum von mehr als 40 Jahren umspannen sollte, und zwar mit einer Vorlesung über Strafrecht. Aber diese Vorlesung hielt er nicht wieder, sondern wandte sich nun für immer dem römischen Civilrecht zu.

Schon im Sommer 1800 hatte Savigny in der Musse, welche seine Krankheit gebot, Gœthe's Wilhelm Meister gelesen. Der Eindruck war ein überwältigender und sollte sich bald auch in Savigny's deutschen Schriften zeigen. Ende 1802 zog Clemens Brentano, Savigny's späterer Schwager, zu seinem Freunde Savigny nach Marburg. «Ich freue mich, so schreibt er vorher an Bettina, ich freue mich doch sehr auf den Savigny, da ich nun wieder Proviant auf die langen Winterabende habe, ihm zu erzählen. Wenn er auch wenig oder gar nicht antwortet, so hört er doch mit einem Interesse zu, das für die Antwort entschädigt, die er immer schuldig bleibt. «Du glaubst nicht, wie Wenige man findet in der Welt, die ganz frei sind vom Schlechten und Gemeinen, und wie ein Mann gleich Savigny ein wahres Wunderwerk ist [8].»

In den Jahren 1802-3 kamen auch die Brüder Jacob und Wilhelm Grimm, die nur fünf und sechs Jahre jünger waren als Savigny, nach Marburg, um seine Schüler zu werden.

Jacob, der bald in ein besonders nahes Verhältniss zu Savigny trat, schildert uns in seinen späteren Jahren des verehrten Lehrers Haus und Wirksamkeit.

«Zu Marburg, so schreibt er an Savigny [9], muss man seine Beine rühren und Treppe auf, Treppe ab steigen.

«Aus einem kleinen Hause der Barfüsserstrasse führte mich durch ein schmales Gässchen und den Wendelstieg eines alten Thurms der tägliche Weg auf den Kirchhof, von dem sich's über die Dächer und Blütenbäume sehnsüchtig in die Weite schaut. Da war gut auf- und abwandeln. Dann stieg man an der Mauerwand wieder in eine höher liegende Gasse vorwärts zum Forsthof, wo Prof. Weiss noch weiter hinauf wohnte.

«Zwischen dessen Bereich und dem Hofthor unten, mitten an der Treppe, klebte wie ein Nest ein Nebenhaus, in dem S i e Ihr heiteres, sorgenfreies und der Wissenschaft gewidmetes Leben lebten.

«Ein Diener, Namens Bake, öffnete, und man trat in ein nicht grosses Zimmer, von dem eine Thür in ein noch kleineres Gemach mit Sofa führte. Hell und sonnig waren die Räume, weiss getüncht die Wände, tännen die Dielen ; die Fenster gaben in's Giesserthal auf Wiesen, Lahr und Gebirg duftige Aussicht, die sich zauberhafter Wirkung näherte.

«In den Fensterecken hingen eingerahmte Kupferstiche von J. G. Wille und Bause, an denen ich mich nicht satt sehen konnte, so freute mich deren scharfe und zarte Sauberkeit.

«Doch noch viel grösseren Reiz für mich hatten die im Zimmer aufstrebenden Schränke und in ihnen aufgestellten Bücher, deren ich bisher, ausser Schulbüchern und des Vaters Hinterlassenschaft, nur wenige kannte.

«Einzelne Reihen folgten unserer gewöhnlichen Ordnung, bei andern war sie umgekehrt, wie man hebräisch schreibt, von der Rechten zur Linken, und ich hörte Sie die Verdrehung, deren Nothwendigkeit mir nicht einleuchten wollte, erklären und vertheidigen.

«Man durfte auf die Leiter steigen und näher treten.....

«Was rede ich aber von den Büchern, nicht von dem Manne, dem sie gehörten, dessen Worte mich noch mehr ermahnten und heimlich ermunterten, als was ich lesen konnte! Gross war er gewachsen, schlank, trug grauen Oberrock, braune blaustreifige Seidenweste; sein dunkles Haar hing ihm schlicht herunter....

«Dieses lehrenden Mannes freundliche Zurede, handbietende Hülfe, feinen Anstand, heiteren Scherz, freie ungehinderte Persönlichkeit kann ich nie vergessen!

«Wie stand er vor uns auf dem Catheder, wie hingen wir an seinen Worten!

«Meine erste eingelieferte schriftliche Arbeit hatte einen Fall der Collation bei der Intestat-Erbfolge zu behandeln. Wollen Sie wissen, wie die Worte lauteten, mit welchen Sie mich beurtheilten? Ich kann sie immer noch auswendig: Nicht nur vollkommen richtig entschieden, sondern auch sehr gut dargestellt. So günstig hat mich nachher kein anderer Recensent loben mögen.

«Wenn ich frischen Athem bei Ihnen geschöpft hatte und mich, ich wusste kaum wie, aus den Schranken gehoben fühlte, in denen meine ganze Art vorhin befangen war, schritt ich frohgemuth, über Stock und Stein springend, die Stufen hinab nach Haus in mein kleines Stübchen. Meine Seele lag offen vor Ihnen, ich hätte Ihnen Alles vertrauen können.» —

1803 erschien nun Savigny's Buch über den Besitz. Es war hervorgegangen aus Vorlesungen, die er über die letzten Bücher der Pandekten gehalten hatte.

Wohl nie hat ein Erstlingswerk in der juristischen Literatur eine ähnliche Aufnahme gefunden.

Dass ein Jacob Grimm es verschlang, ist natürlich: aber auch ein Thibaut, damals unbestritten der erste Pandektist, der gerade vorher gleichfalls über den Besitz geschrieben hatte, stellte den Verfasser ohne Weiteres unter die ersten Juristen. Er fand bei Savigny Alles vereint, was der Eigensinn des Schicksals in seinem ganzen Umfange nur Wenigen zu verleihen pflegt.

Das Buch war in der That ein nationales Ereigniss; von ihm datiren wir eine neue Periode unserer Wissenschaft. Hier zuerst fand sich die Fähigkeit wieder, den Gedanken der römischen Juristen auf's genaueste zu folgen; hier zuerst war der Geist dieser Juristen wieder lebendig geworden; er redete dazu in einer Sprache, wie sie vorher nur ein Gœthe zu schreiben vermochte. Dass die Savigny'sche Theorie die Bedürfnisse der Praxis nicht ausreichend befriedigte, ward erst später allgemein erkannt. Der jugendliche Verfasser erhielt sofort einen Ruf nach Heidelberg und nach Greifswald, lehnte aber, mit andern Plänen beschäftigt, beide ab. Zunächst führte er ein Weib heim, eine Schwester seines Freundes Clemens und der Bettina, eine «ungemein lebendige» Dame[10]. Dann trat er eine Reise an, um die grossen Bibliotheken Deutschlands und Frankreichs auszubeuten.

So arbeitete er denn auch hier in Strassburg. Bei der Einfahrt in Paris ward ihm ein Koffer vom Wagen gestohlen. Es war just der, der seine seit Jahren mit unverdrossenem Eifer gesammelten Collectaneen enthielt. Aber nur der Dieb war betrogen. Savigny wusste mit frischem Muth und mit Hülfe seines Jacob Grimm den Verlust bald wieder zu ersetzen.

«Durch eine öffentliche Anerkennung der Dienste, die ich ihm leisten konnte, hat Savigny, so sagt Grimm[11], mir viele Jahre nachher die grösste Freude zubereitet. Auch ist ein ununterbrochen fortgesetzter Briefwechsel die Folge unserer nähern Bekanntschaft gewesen.»

Ende 1805 nach Marburg zurückgekehrt, nahm Savigny 1808 einen Ruf nach der neuen Universität Landshut an, der Nachfolgerin von Ingolstadt und der Vorgängerin von München.

Savigny sollte an Gottlieb Hufeland's Stelle treten, der aus Danzig gebürtig, jetzt erster Bürgermeister seiner Vaterstadt ward.

Im Frieden von Tilsit war Danzig freie Stadt geworden

unter dem Schutze Sachsens und des Kaisers der Franzosen als des Protectors. Auch der Code Napoleon ward 1808 eingeführt. Ehe Hufeland nach Danzig abreiste, hatte er sich auch dem Kaiser Alexander vorzustellen. Aber schon 1812 gab er das Bürgermeisteramt wieder auf, um an die Universität Landshut zurückzukehren.

Einer von Savigny's Collegen war hier der Criminalist Feuerbach, der spätere Verfasser des baierischen Criminalgesetzbuches, das wieder vielen andern zum Vorbilde diente, ein Werk, an dem Savigny besonders zu tadeln fand, dass es binnen 3 Jahren 111 abändernde Novellen nöthig gehabt habe.

Ein anderer Kollege Savigny's, und zwar der einflussreichste, war Gönner. Derselbe legte 1808-9 « mit Offenheit die Gründe vor, wesshalb er eine teutsche Reform der Civilgesetzgebung für unmöglich halte. Der erste Grund stammt aus der uns Teutschen vorzüglich eigenen Bedächtlichkeit... Der zweite Grund liegt in dem gränzenlosen Streben nach Vollkommenheit... Der dritte Grund ruhet in der Rivalität der Regierungen selbst, woraus der neugeborene Rest des alten teutschen Staates besteht. Jeder Staat will originell sein, jeder sein eigenes Gesetzbuch besitzen, keiner es dem andern nachmachen, einer es dem andern zuvorthun. Glaube man nicht, dass hieraus ein edler Wetteifer entstehe; die Sache nimmt in dem wirklichen Leben eine unerwartete Wendung. Erscheint in einem verbündeten Staat ein trefflliches Gesetzbuch, das man nicht übertreffen zu können glaubt, so sucht man einige Fehler auf, sagt, es sei nicht viel damit gewonnen, lobt das Alte und lässt es dabei...»

Demnach erklärte sich Gönner mit andern Schriftstellern dafür, dass der Code Napoleon, wie er sei, unverändert und ohne Umarbeitung in Baiern recipirt werden solle.

«Schon ist er nicht mehr blos das bürgerliche Gesetzbuch in Frankreich; er beherrscht das Königreich Neapel und Italien jenseits der Alpen... Beinahe hundert Millionen Menschen leben nach seinen Vorschriften; warum quälen wir uns mit Sorgen, ob die noch übrigen zehn Millionen bei diesem Gesetzbuche glücklich sein werden?»[12]

Es war ungefähr dieselbe Zeit, wo Karl Sal. Zachariä in Heidelberg die Vorrede zu seinem berühmten Handbuch des französischen Civilrechts mit dem Geständniss schloss : bei der Ausarbeitung des Werkes nie vergessen zu haben, dass er zu einer Nation gehöre, die nur noch in der Geistes- oder Geisterwelt lebe. —

Savigny's Haus in Landshut war schon in den ersten Monaten ein lebhafter Mittelpunkt für Professoren und Studenten. Vornehmlich aber verkehrten hier kirchlich gesinnte Katholiken und viele Adelige aus Oesterreich. Bei religiös-dogmatischen Fragen, bei denen Bettina und Clemens oft einander entgegen traten, stand Savigny wohl schwankend in der Mitte.

Clemens, der damals die Romanzen vom Rosenkranz entwarf, und sich darin selbst zu einem Zug in den Venusberg rüstete, liess Savigny als den warnenden Eckart auftreten[13].

Von dem Particularismus, der in dem plötzlich gross gewordenen Baiern aufschoss, gibt uns Savigny selbst[14] eine ergötzliche Probe.

Ein Botaniker, der nicht einmal ein eingeborner Baier war, suchte, wie Savigny erzählt, seine ausschliessende Werthschätzung des b e s o n d e r n b a i e r i s c h e n V a - t e r l a n d e s dadurch zu bethätigen, dass er aus dem botanischen Garten alle Pflanzen verbannen wollte, die nicht in Baiern wild wachsen, um auf diese Weise einen rein vaterländischen Garten, befreit von fremden Erzeugnissen, herzustellen.

Auch Savigny galt als eine fremde Pflanze und fühlte sich fremd, so warm auch die Studenten ihm anhingen. Bald sollte er Gelegenheit haben, an einem andern Orte und in ganz anderer Ausdehnung zu wirken.

Um den sittlichen und patriotischen Geist der auf's tiefste gebeugten deutschen Nation zu heben und zu stählen, war die Gründung einer Universität in Berlin beschlossen worden. Der Staatsrath Wilhelm von Humboldt hatte im Mai 1809 den vollständigen Plan entworfen, den Friedrich Wilhelm III. von Königsberg aus genehmigte.

Neben Fichte und Schleiermacher hatte Humboldt auch auf Savigny hingewiesen.

«Dieser Mann,» so heisst es in dem Bericht an den König, «muss mit Recht zu den vorzüglichsten jetzt lebenden deutschen Juristen gezählt werden, und ausser Hugo in Göttingen dürfte ihm Niemand an die Seite gesetzt werden können.»

Wenn Humboldt dabei auch auf Savigny's philosophische Behandlung seiner Wissenschaft hinwies, so verstand er darunter wohl nur die von Savigny stets in seinen Vorlesungen entwickelte Auffassung des Rechts, nicht als eines Produkts menschlicher Willkür, sondern als einer Seite der gesammten geistigen Eigenthümlichkeit des Volks, gleich der Sprache und Sitte.

Savigny nahm den Ruf mit Freuden an und reiste im Mai 1810 von Landshut ab. Der Abschied von den Studenten, den Bettina lebhaft schildert, war kein leichter. Die ganze Universität war in und vor dem Hause versammelt; Viele hatten sich zu Wagen und zu Pferd eingefunden. Unter Vivatrufen zog man zum Thore hinaus. Auf einem Berg, wo der Frühling eben die Augen aufthat, nahmen die Professoren einen feierlichen Abschied. Die Andern fuhren noch eine Station weiter. Unterwegs traf man noch auf Parthien, die vorausgegangen waren, um Savigny noch einmal zu sehen. Im Posthause drehte sich einer um den Andern nach dem Fenster, um die Thränen zu verbergen! — In Berlin, wo die Eröffnung der Universität am 15. Oktober 1810 mit einer Kantate Brentano's gefeiert worden, waren es vor Allem Niebuhr und Eichhorn, mit denen Savigny einen für beide Theile höchst fruchtbaren Verkehr unterhielt. Niebuhr namentlich erinnerte sich später gern noch des einst genossenen Glücks, wo im Gespräch mit Savigny der entscheidende Punkt licht hervortrat.

Aber auch Savigny erzählt [15], wie Niebuhr an seinen Forschungen unmittelbaren Antheil nahm durch Rath und durch frühe Hinweisung auf dasjenige, was sich durch fortgesetztes Quellenstudium als das Rechte bewährte. Wie verschieden aber waren beide Männer und wie verschieden beurtheilten sie auch einander. Während Niebuhr, nach Savigny's Ansicht, bei grosser Erregbarkeit seines Wesens nicht selten über das rechte Maass des Urtheils hinweggezogen werden konnte [16], erklärte Niebuhr Savigny für etwas zu vorsichtig [17].

Der Wissenschaft des römischen Rechts strebte die des deutschen in schöner Eintracht nach. Savigny selbst aber hatte, als er seine literarische Laufbahn begann, keine genauere quellenmässige Bekanntschaft mit der älteren deutschen Rechtsverfassung [18]. Woher sollte er sie auch damals erlangen? Kein Wunder also, wenn er den germanischen Ursprung mancher Sätze des gemeinen Rechts, z. B. in der Lehre vom Besitz, ignorirte und auch sonst wohl für Unkenntniss oder Missverständniss des römischen Rechts ansah, was eine zweckmässige, den deutschen Verhältnissen angepasste Veränderung des römischen Rechtes war.

Schon das 2. Rectorat der Universität fiel dem erst 32jährigen Savigny zu. Er besass das besondere Vertrauen des Königs. In diesem Rectorat war es, dass Schleiermacher, am 28. März 1813, des Königs Ruf zu den Waffen von der Kanzel verlas.

Der Rector selbst exercirte neben Niebuhr und Schleiermacher im Reimer'schen Garten mit der Muskete.

Das Rectorat schloss im Wendepunkt der deutschen Geschichte, unter dem Donner der Schlacht bei Leipzig!

Dem gewaltigen Aufschwung der nationalen Begeisterung folgte eine schnelle Ernüchterung.

Schon im Sommer 1813 fehlte es nicht an bestimmten Einwirkungen der Oesterreicher, um den König von Preussen gegen den Aufschwung seines Volkes misstrauisch zu machen; man wünschte die kühnen Schwingen zu lähmen.

Ganz besonders peinlich musste es empfunden werden, dass der erste Professor in der Berliner Juristenfacultät, zugleich der erste Rector der neuen Universität, Schmalz, in einer auf das Gemüth des Königs berechneten Flugschrift Preussens Erhebung als eine That gewöhnlichen Gehorsams, gleich dem Herbeieilen der Bürger zum Feuerlöschen darstellte, und dann durch Vorspiegelung geheimer Verbindungen und gefährlicher Verschwörungen Misstrauen säete, um die Gewährung ständischer Einrichtungen zu hintertreiben [19].

Die Schlacht bei Leipzig hatte auch der Herrschaft des Code Napoleon fast in allen Ländern diesseits des Rheins ein Ende gemacht. Um die jetzt besonders brennend gewordene Codificationsfrage für Deutschland zu erledigen, schlug K. E. Schmid (Deutschlands Wiedergeburt, Jena 1814) die allgemeine Annahme des österreichischen Gesetzbuchs vor. Gleichzeitig erklärte Thibaut wiederholt die Abfassung eines neuen allgemeinen Gesetzbuchs für eine Nothwendigkeit.

«Als ich,» so erzählte Thibaut später selbst, «viele deutsche Soldaten, welche auf Paris marschiren wollten, mit frohen Hoffnungen im Quartier hatte, war mein Geist sehr bewegt. Viele Freunde meines Vaterlandes lebten und webten damals mit mir in dem Gedanken an die Möglichkeit einer gründlichen Verbesserung unseres rechtlichen Zustandes, und so schrieb ich, höchstens nur in vierzehn Tagen, recht aus der vollen Wärme meines Herzens, eine kleine Schrift..., worin ich zu zeigen suchte : unser positives Recht, namentlich das Justinianische, sei weder materiell noch formell unsern jetzigen Völkern anpassend, und den Deutschen könne nichts heilsamer sein, als ein durch Benutzung der Kräfte der gebildetsten Rechtsgelehrten verfasstes bürgerliches Recht für ganz Deutschland, wobei aber doch jedes Land für das Wenige, was seine Localität erfordere, seine Eigenheiten behalten möge.»

«So viel ist,» heisst es in Thibaut's Schrift, «auf allen Fall schon jetzt entschieden, dass Deutschland nach wie vor den Vortheilen einer unbedingten Einheit zu entsagen hat, aber in bürgerlicher, privatrechtlicher Hinsicht thut es Noth, dass über die frostigen herrschenden Ansichten ein warmer Hauch gehe. Der bürgerliche

Verkehr macht die Einheit des Rechts fast zu einer schreienden Nothwendigkeit.

«Die heimlichen Einwendungen sind : ein solches Gesetzbuch lähme die Macht und hemme die Freiheit des einzelnen Landesfürsten; man müsse sich jetzt in diesen schweren Zeiten aller Neuerungen enthalten; jede Umwälzung der Rechtsverfassung rege das wilde Gemüth des Volkes auf, könne leicht Aufstand veranlassen und am Ende Deutschland in eben den Strudel hineinziehen, woraus sich Frankreich in diesem Augenblick kaum gerettet habe.»

«Aber,» so entgegnet Thibaut, «kein Volk der Erde gibt es, welches so geneigt ist, seiner althergebrachten Verfassung willfährig anzuhängen und seinen Fürsten treu zu bleiben, als das biedere Volk der Deutschen. . . . Es gehört mehr als Bosheit dazu, wenn man selbst in diesem Augenblick heldenmüthiger Volksanstrengung den Fürsten von seinem Volke abwendig zu machen, ihn mit Misstrauen und Besorgniss zu erfüllen sucht. Aber gerade dies haben wir am meisten zu fürchten, denn — es muss laut gesagt werden — die Verdorbenheit und Kleinlichkeit eines Theils der Staatsdiener mancher Länder nimmt immer mehr überhand.»

Besonders lebhaft ging nun Thibaut gegen den Gesetzgebungseifer der Einzelstaaten, den «Wirbelwind der Gesetzmachereien» an.

«Die Begriffe über Gesetzgebung sind bei vielen deutschen Staatsbeamten allmählich, und besonders in der letzten Zeit der Auflösung, vielfach im höchsten Grade schief und despotisch geworden; und dieses Uebel wird eher zu- als abnehmen, wenn die Particular-Gesetzgebungen, welche als solche von der öffentlichen Stimme wenig zu fürchten haben, auch fernerhin

an den unglücklichen Bürgern leichtsinnig ihre Versuche
im Dunkeln anstellen.

«Nicht so viel ist es zu beklagen, dass jüngst ein ei-
sernes Geschick uns Freunde, Väter und Kinder raubte,
und die Blüthe unseres Wohlstandes zerstörte, als vielmehr
dass uns bis auf das Mark ein verzehrendes Gift einge-
flösst ward, welches Alles zu vernichten droht, wenn
nicht kräftige Gegenmittel schnell angewandt werden.»

«Die belobten Rechtsverschiedenheiten,» so heisst es an
einer andern Stelle, «worauf die Bedenklichen so vieles
Gewicht legen, sind nicht einmal Folgen natürlicher An-
lagen und örtlicher Verhältnisse, sondern die Folgen
unkluger Abgeschiedenheit und unüberlegter Willkür,
wenigstens in unzähligen Fällen. Die wuchernden Orts-
gebräuche und Gewohnheiten sind nur zu oft blosse
Rechtsfaulheit, wobei es eines leisen Anstosses bedarf,
damit der Schritt zu einem andern Ziel gelenkt werde
und wobei der bessernde Gesetzgeber auf eben den Dank
rechnen kann, der dem Wundarzt zu Theil wird, wenn
er den Furchtsamen nach langem Sträuben durch einen
leichten Schnitt von fressenden Qualen befreit.»

«Das sapere aude gilt auch hier, und vielleicht mehr
als irgendwo!»

«Nehmen wir,» so schliesst Thibaut, «Alles zusammen,
so muss jedem Vaterlandsfreunde der Wunsch sich auf-
drängen, dass ein einfaches Gesetzbuch, das Werk
eigener Kraft und Thätigkeit, endlich unsern bürgerlichen
Zustand, den Bedürfnissen des Volks gemäss, gehörig
begründen und befestigen möge, und dass ein patriotischer
Verein aller deutschen Regierungen dem ganzen Reich
die Wohlthaten einer gleichen bürgerlichen Verfassung
auf ewige Zeiten angedeihen lasse. Stellen also unsere
Regenten aus jedem Land einen erfahrenen Kenner des

Rechts dieses Landes zu der grossen Versammlung, so
würde eine erschöpfende Austauschung guter Ideen statt-
finden und eine reiche Erfahrung zu gemeinsamem Zweck
weise benutzt werden können.» Creuzer in Heidelberg, der bekannte Philologe und
Alterthumsforscher, freute sich, dass Thibaut den Hal-
lunken von Halbfranzosen so tüchtig mitspiele, die jetzt
zwischen Fürsten und Völker treten. «Es will in dem
Rheinbund,» so klagt er, «noch gar nicht aufhören, zu
napoleonisiren.» [20]

Nun erschien Savigny's Schrift: Vom Beruf unserer
Zeit für Gesetzgebung und Rechtswissenschaft (1814).
In derselben erörterte der berühmte Gelehrte zunächst «die Entstehung des positiven Rechts», prüfte
dann an «den drei neuen Gesetzbüchern», die er einer
theilweise ungerechten Kritik unterwarf, «unsern Beruf
zur Gesetzgebung», um denselben in Abrede zu stellen,
und verwies dafür auf eine bessere Pflege der Rechtswissenschaft. «Ich sehe das rechte Mittel, so lautet sein
Programm (S. 161), um ein sicheres und gemeinsames
Recht zu erlangen, in einer organisch fortschreitenden
Rechtswissenschaft, die der ganzen Nation gemein sein
kann.»

«Ist einmal Rechtswissenschaft Gemeingut der Juristen
geworden, so haben wir in dem Stand der Juristen
wiederum ein Subject für lebendiges Gewohnheitsrecht
— und das Gewohnheitsrecht erschien Savigny als das
wahre Recht — also für wahren Fortschritt. Dann kann
auch für zukünftige schwächere Zeiten gesorgt werden,
und ob dieses durch Gesetzbücher oder in anderer Form
besser geschehe, wird dann Zeit sein zu betrachten.»
(S. 133 f.)

Vor dem Schluss seiner Schrift behandelt Savigny

noch «Thibaut's Vorschlag» (S. 155-160), indem er vor
Allem Thibaut's «gute Gesinnung» mit Freuden aner-
kennt und auch constatirt, dass ihnen beiden derselbe
Zweck ernsthaft am Herzen liege. «Aber freilich, über die
Mittel sind unsere Ansichten sehr entgegen gesetzt.»
Weit wichtiger aber als das in diesem Abschnitt über
Thibaut's Vorschlag Gesagte sind Savigny's gelegentliche
Bemerkungen in den frühern Abschnitten.

Zunächst geht Savigny von der Annahme aus, dass
durch das vorgeschlagene Gesetzbuch Deutschland in drei
Ländermassen zerfallen würde, die durch das bürgerliche
Recht sogar schärfer als vorhin geschieden wären:
Oesterreich nämlich, Preussen und die Länder des Gesetz-
buchs.

Und doch hatte Thibaut ausdrücklich nur von einem
Gesetzbuch für das g a n z e R e i c h gesprochen. Etwas
verstohlen, nämlich in einer Anmerkung (S. 152), be-
merkt denn auch Savigny: «Sollte aber auch Oesterreich
und Preussen einbegriffen sein, so wäre allerdings
von der politischen Seite diese Vollständigkeit sehr zu
loben (!), aber für diese Länder selbst wäre wohl zu be-
denken, was in anderer Rücksicht g e g e n d i e A b -
s c h a f f u n g i h r e r G e s e t z b ü c h e r gesagt worden
ist.» Darnach konnte auch ein nicht gerade Böswilliger
doch einigermassen an der Ernsthaftigkeit des Zweckes,
eine innigere Vereinigung der Nation herbeizuführen,
zweifeln.

Aber Savigny hielt auch «ein wahres Urtheil» über den
überlieferten Stoff des Rechts nicht eher für möglich,
als bis wir unsern geschichtlichen und politischen Sinn
mehr geschärft haben. «Bis dahin, entgegnete er Thibaut,
dürfte es gerathener sein, etwas zu zweifeln, ehe wir
Vorhandenes für schlaffe Angewohnheit, unkluge Abge-

schiedenheit und blosse Rechtsfaulheit halten, vorzüglich
aber mit der Anwendung des wundärztlichen Messers
auf unsern Rechtszustand zu zögern. Wir könnten dabei
leicht auf gesundes Fleisch treffen, das wir nicht kennen,
und so gegen die Z u k u n f t die schwerste aller Ver-
antwortungen auf uns laden.» (S. 114 f.)

Hatte da nicht Niebuhr Recht, wenn er Savigny etwas
zu vorsichtig nannte? Mit demselben Argument musste
er jede ärztliche Behandlung eines kranken und wunden
Menschen verdammen; von geringem Troste war die stete
Verweisung auf die Zukunft und mit Fug erwiderte Thibaut: «Die j e t z i g e G e n e r a t i o n darf verlangen, dass
man sie nicht ungewissen Hoffnungen opfere und dass
man zunächst für ihr Glück, als die sicherste Grundlage
des Glücks der Nachkommen, gebührende Sorge trage.»

Es entstand eine gewaltige Bewegung. Viele erklärten
es mit Hegel für den grössten Schimpf, der einer gebil-
deten Nation angethan werden könnte, wenn man ihr
die Fähigkeit abspreche, ein Gesetzbuch zu machen.
Niebuhr fand den Streit schmerzlich und wollte, dass
Jemand Thibaut zur Ruhe reden könnte.

Schon vor Savigny war indess, gerade von dem ein-
sichtigsten Gegner der preussischen Codification, von Joh.
Georg Schlosser, behauptet worden, dass wir noch nicht
weise genug seien, um ein Gesetz zu verfassen. Savigny
aber war es, der diesen Satz in einer Weise darlegte, dass
damit gerechnet werden musste.

Suchen wir uns Savigny's Stellung zu der wichtigen
Frage klar zu machen, so müssen wir uns des Ganges
erinnern, den alle wissenschaftlichen Probleme zu nehmen
pflegen.

Taucht eine bedeutende wissenschaftliche Frage auf, so
ist es vorerst nur e i n e Seite der Sache, welche die Auf-

merksamkeit fesselt und leicht als das Wesen erscheint. Bei reiflicher Erörterung fordert dann eine andere Seite Beachtung und so erfolgt eine von der früheren sich abwendende Bewegung, bis schliesslich eine noch spätere Zeit beiden Seiten ihr Recht zu Theil werden lässt.

Als Savigny selbständig zu denken begann, fand er die Ansicht vorherrschend, dass jedes Zeitalter sein Dasein, seine Welt frei und willkürlich selbst hervorbringe, dass insbesondere das Recht in jedem Augenblick durch die mit der gesetzgebenden Gewalt versehenen Personen mit Willkür hervorgebracht werde. Er sah, wie die Gegenwart sich absichtlich der Vergangenheit entgegensetzte, wie die Revolution mehr aus blindem Trieb gegen das bestehende und in ausschweifenden sinnlosen Erwartungen von einer unbestimmten Zukunft auch einen grossen Theil des bürgerlichen Rechts vernichtete, und wie auch in Deutschland leichte und willkürliche Aenderung des bürgerlichen Rechts an der Tagesordnung war[21].

So war es ein grosses Verdienst, wenn Savigny dagegen auftrat und betonte, dass jedes Zeitalter die Fortsetzung und Entwickelung aller vergangenen Zeiten sei, dass ein unauflöslicher organischer Zusammenhang der Geschlechter und Zeitalter bestehe, zwischen welchen nur Entwickelung, aber nicht absolutes Ende und absoluter Anfang gedacht werden könne.

Nur das Eine ignorirte Savigny, dass auch die Gegenwart ihr Recht habe, und dass dieser nicht durch historische Forschungen, sondern allein durch eine entschlossene That zu helfen war. Und diesen Standpunkt vertrat Thibaut. Alle aber, die lieber selbst ordnen, als die vorhandene Ordnung anerkennen und begreifen wollten, standen auf Thibaut's Seite.

Aber Savigny's Gedanken entsprachen der Strömung,

welche durch die Zeit ging und so mussten sie den Sieg
davon tragen. Konnte die von Savigny vertretene Ansicht
doch zugleich auch von der hyperconservativen Partei der
Restaurationszeit so schön verwerthet werden; liess sich
doch auf dem weichen Kissen ihrer Theorie so gar
bequem ruhen und behaglich zuschauen, wie das Volk
sich naturwüchsig von Innen heraus entwickele in so
gemässigtem Fortschritt, dass Niemand dadurch in seiner
Ruhe gestört ward[22]!

Auch Gönner, der jetzt, wo der Plan, den Code
Napoleon nach Baiern zu verpflanzen, aufgegeben werden
musste, sich mit einem eigenen Gesetzbuch für Baiern
oder doch mit einer Revision des Codex Maximilianeus
beschäftigte[23], griff Savigny lebhaft an, aber dieser konnte
ihm treffend entgegnen : « Einheimische Gesetzbücher also
waren unmöglich, so lange es galt, durch ihre Entfernung
der fremden Tyrannei in die Hände zu arbeiten, und
jetzt sind sie möglich, wo in ihnen ein Mittel gefunden
scheint, der innigeren Vereinigung der Deutschen entgegen zu wirken[24]! »

Um seiner Anschauung von der Natur des Rechts
weitere Anerkennung zu verschaffen, schuf Savigny 1815
im Verein mit dem Germanisten Eichhorn, dem berühmten Verfasser der deutschen Reichs- und Rechtsgeschichte, die Zeitschrift für geschichtliche Rechtswissenschaft, die der philosophirenden oder « unhistorischen »
Rechtswissenschaft entgegen wirken sollte. Insbesondere
aber sollten bisher ungedruckte Quellen mitgetheilt
werden.

Schon im folgenden Jahre hatte Niebuhr, der als
preusssicher Gesandter behufs Unterhandlungen mit der
päpstlichen Kurie nach Rom geschickt war, das Glück, in
dem Manuscriptenschrank des Domkapitels zu Verona den

berühmten Palimpsest mit den Institutionen des Gaius zu finden, ein Fund, den er sofort an Savigny mit einer Probe des Textes berichtete. «Ganz unerwartet,» so schrieb dann Savigny in seiner Zeitschrift [25], «eröffnet sich eine neue herrliche Aussicht. Wir verdanken sie dem Manne, der sich für die historische Begründung unserer Wissenschaft schon so glänzende Verdienste erworben hat... Niebuhr ist es, der gleich bei seinem ersten Eintritt in Italien, in einer Stadt, von welcher niemals bei unsern Juristen solche Erwartungen gehegt worden sind, höchst wichtige Handschriften aufgefunden hat. Nach dieser Probe dürfen wir von unserm codex rescriptus grosse Hoffnungen für die Rechtsgeschichte fassen und schon sind Schritte geschehen, um die vollständige Bekanntmachung des ganzen Buchs zu bewirken. Der Verfasser desselben ist nach dieser Probe noch nicht zu bestimmen. Niebuhr vermuthet auf Ulpian; ich bin... geneigt, vielmehr die Institutionen des Gaius zu erwarten.»

Mit der Veröffentlichung des Gaius zeigte sich zunächst, wie unglaublich oberflächlich und mangelhaft die bisherige Kenntniss des klassischen Rechts der Römer gewesen war. Das Haupt der historischen Schule sollte diesen Beweis durch seine eigene Person erbringen. 1817 hatte F. L. Hoffmann einen neuen Versuch veröffentlicht, die Stelle des Cicero Topic. cap. 4 zu erklären. Diese Erklärung ging davon aus, dass die Geschlechtstutel des alten Rechts in ihren Rechten und Wirkungen ganz verschieden gewesen sei von der des spätern Rechts. Savigny trat dieser Ausführung in demselben 3. Bande seiner Zeitschrift, worin Hoffmann's Untersuchung veröffentlicht worden war, entgegen und läugnete die behauptete Verschiedenheit des ältern und neuern Rechts; er nahm an, wie er es selbst ausdrückt:

«Cicero rede nicht genau juristisch, sondern nur mit Rücksicht auf die gewöhnlich eintretenden faktischen Umstände.»

Und als nun der neue Gaius erschien, da fand sich der von Savigny verworfene Satz direkt ausgesprochen [26]. Hugo, der in seinem Entzücken über seinen grossen Schüler Savigny Alles, was dieser schrieb, noch viel lieber ankündigte, als seine eigenen Schriften, wandte auch den neuen Fund zu Savigny's Ehren. «Auf mehr als eine Art, so meinte er, lässt sich sagen : ohne Savigny hätten wir den Gaius nicht.» Aber die Gerechtigkeit erfordert zu betonen, dass Hugo selbst ein mindestens eben so gutes Anrecht an dieser Ehre beanspruchen durfte, da er der Kritik der Quellen, insbesondere des Ulpian, von Anfang an den grössten Eifer zugewandt hatte.

Der Aufschwung, den das Studium des römischen Rechts nunmehr nahm, ist nur mit dem zu vergleichen, der im 16ten Jahrhundert von Cuiacius und seinen grossen philologischen Zeitgenossen bewirkt ward. —

Seit mehr als einem Decennium hatte Savigny seine Gedanken auch auf eine Geschichte des römischen Rechts im Mittelalter gerichtet. In demselben Jahre mit der Gründung der Zeitschrift erschien der 1. Band dieses Werkes, das mit dem 6. Bande im Jahre 1831 vollendet, schon 1834 seinen Lauf von Neuem begann.

Als seine Aufgabe bezeichnete Savigny, zu zeigen, wie der Rechtszustand neuerer Zeiten, so weit er auf römischem Grund beruhe, aus dem Zustand des bestehenden weströmischen Reichs durch blosse Entwicklung und Verwandlung, ohne Unterbrechung, hervorgegangen sei.

Das Werk zerfällt in zwei Haupttheile : der erste umfast die sechs Jahrhunderte v o r Irnerius, in welchen zwar die Fortdauer des römischen Rechts in grosser Vollständigkeit nachgewiesen werden kann, von wissenschaftlicher Thätigkeit aber nur geringe Spuren vorkommen. Der zweite Haupttheil enthält die vier Jahrhunderte s e i t Irnerius, worin die wissenschaftliche Verarbeitung und Mittheilung durch Lehre und Schrift gerade das überwiegende ist.

Die neuere Zeit ward von der Darstellung ausgeschlossen, weil vom 16. Jahrhundert an unsere Rechtswissenschaft von Grund aus verändert erscheine und die Geschichte dieser Wissenschaft eine Arbeit ganz anderer Art werde.

Dass das grosse Werk auch in seiner Begränzung nicht allen Anforderungen gerecht wird, ja dass es eine wesentliche Anforderung, nämlich das Recht der einzelnen Epochen auch als ein Ergebniss ihrer besondern Cultur zu erweisen, — eine Anforderung, die gerade ein Savigny hätte stellen müssen, ausser Acht lässt, — dass da, wo die Geschichte des Rechts zur blossen Literaturgeschichte wird, die einzelnen Gelehrten fast wie Schemen erscheinen, ohne Fleisch und Bein, ohne lebendige Beziehung zu Zeit und Ort, — wie er sich denn auch nicht scheute, die klassischen Juristen als fungible Personen zu bezeichnen [27], ohne zu erwägen, ein wie wenig schmeichelhaftes Compliment er den sonst so hoch verehrten Männern damit mache, — alles das ist wahr und in vieler Hinsicht beklagenswerth, darf uns aber nicht die Freude an dem verkümmern, was nun wirklich dargeboten wird. Ist doch der bisher vollständig mangelnde Grund gelegt, auf dem unsere Forschung sicher weiter bauen kann. —

Die Restauration war überall im Gange. Während Thibaut so sehr angefeindet ward, dass er davon sprach

sich zurückzuziehen[28], trat Savigny 1817 neben dem Dom-
dechanten Spiegel, der, wie Stein urtheilte, die erforder-
liche Kenntniss des canonischen Rechts und sehr viel
Klugheit besass, in den Staatsrath, und bald darauf 1819
auch in den rheinischen Revisions- und Cassationshof.
Da er nun daneben seine akademische Thätigkeit, die
selbst das preussische Landrecht umfasste, beibehielt, so
zeigten sich bald die Folgen dieser aufreibenden Thätigkeit. 1825 finden wir Savigny auf einer Reise in Italien,
die er 1826-27 wiederholte.

Obgleich er zur Herstellung seiner sehr geschwächten
Gesundheit reiste, verzichtete er nicht auf Beobachtungen
und Studien. Noch fand er in Italien «die reich be-
gabte bildungsfähige Nation, die in früheren Jahrhun-
derten die erste Stelle in Europa einnahm. Wollte man
v o n o b e n h e r der Nation kräftig und liebevoll die
Hand bieten, sie würde sich ihrer grossen Vorzeit würdig
zeigen [29].»

Nach Berlin in seinen alten Wirkungskreis zurückgekehrt, begann er 1835 ein neues umfassendes Werk,
von dem 1840 gleichzeitig die 3 ersten Bände und schon
im folgenden Jahre noch 2 weitere erschienen : Das
System des heutigen römischen Rechts. Es war eine
langsam gereifte Frucht seiner academischen Thätigkeit,
die der 60jährige Verfasser der vollständig überraschten
Juristenwelt darbot. Wie wenige hatten einem Savigny
ein Werk dieser Art zugetraut.

Im Jahre 1838 auf 39 war auch Puchta's Lehrbuch
des Pandektenrechts erschienen, ein Werk, dessen glänzende Vorzüge in den rasch folgenden Ausgaben immer
mehr hervortraten und ihm bald den Principat unter
allen Werken dieser Art sicherten. Mit einer bisher
.inerhörten Schärfe der Begriffsbestimmung und der

Systematisirung war die knappeste und zugleich edelste
Form verbunden, so dass ein fast unendlich reicher In-
halt in e i n e m Bande geboten war.

Savigny's Werk, dessen Anfang ungefähr gleichzeitig
erschien, hat einen durchaus andern Charakter, nämlich
den eines grossen Commentars, ähnlich dem des Donellus, und legt trotz der Bezeichnung «System» auf die
Ordnung der Lehren nur einen geringen Werth,
betrachtet dagegen in behaglicher Erörterung jeden Ge-
genstand von seinen verschiedenen Seiten, mit oft
weitausgreifenden historischen Exkursen.

Als den Zweck seines Werkes bezeichnet Savigny, die
Schwierigkeiten zu vermindern, die den Juristen von
praktischem Beruf von einem eigenen selbstständigen
Quellenstudium abzuhalten pflegen. Der Stoff war allmählich in Vorlesungen gesammelt und verarbeitet, die
der Verfasser gerade seit dem Anfang dieses Jahrhunderts
über das römische Recht gehalten hatte. Ueber unser
Verhältniss zu diesem Rechte sprach er sich in der Ein-
leitung ebenso aus, wie in seinem Beruf. «Wenn wir
gelernt haben werden, den gegebenen Rechtsstoff mit
derselben Freiheit und Herrschaft zn behandeln, die wir
an den Römern bewundern, dann können wir sie als
Vorbilder entbehren und der Geschichte zu dankbarer
Erinnerung überlassen.»

Es lässt sich nicht läugnen, dass auch durch dieses
Werk, wie Thibaut sich früher ausdrückte, «die feinen
Verfälschungen, welche römische Begriffe in die unsrigen
gebracht haben», wieder vermehrt worden sind, und
dass die ganze historische Schule so wirkte. Den Juristen
dieser Schule gebührt z. B. das grosse Verdienst, den
bei Gaius überlieferten Satz, dass der römische Richter
sein Urtheil habe auf Geld richten müssen, in rechts-

historischer Beziehung in fruchtbarster Weise verwerthet
zu haben ; aber die Notiz des Gaius gab auch den
Anstoss, das Dogma vom Geldwerth der obligatorischen
Leistung in die praktische Jurisprudenz einzuführen,
und eine Stelle der Pandekten musste dazu dienen,
ihm einen quellenmässigen Anhalt zu geben.
Dazu kam der glänzende Erfolg von Savigny's Lehrthätigkeit, der seines Gleichen nicht hatte.
Hören wir hierüber die Zeugnisse zweier seiner be-
rühmtesten Schüler, von Bethmann - Hollweg's und
Böcking's.

Bethmann - Hollweg, der im ersten Jahre seines
akademischen Studiums in Göttingen Hugo's sämmtliche
Vorlesungen über römisches Recht fleissig gehört, nach-
geschrieben und repetirt hatte, von seiner aller Idea-
lität abgewandten Auffassung des Rechts abgestossen,
hörte dann, als er im Herbst 1815 die Universität
Berlin bezog, Savigny's Pandekten nicht blos mit höchster
Befriedigung, sondern so, dass er seitdem nie wieder
vergessen konnte, was er hier empfangen hatte. Es blieb
für ihn die Grundlage seines juristischen Denkens und
Thuns bis an sein Lebensende und Savigny selbst ihm
«unser aller Meister in der juristischen Methode»,
dessen Andenken er noch im Jahr 1864 seinen «Civilprozess des gemeinen Rechts in geschichtlicher Entwicklung» widmete.

« Wohl erinnere ich mir, erzählt Bethmann-Hollweg,
wie Savigny bei einem Besuch von Heise in Berlin
diesen scharfsinnigen Freund durch Vorzeigung von
Bulgarus' Commentar zum Pandektentitel de regulis iuris
überzeugte, dass seine Werthschätzung der Glossatoren
kein romantischer Traum sei.

« Um dieselbe Zeit (1817) gestattete er mit seltener

Liberalität vieren seiner Schüler, aus dem reichen Schatz seiner handschriftlichen Literaturnotizen sich Auszüge zu machen und die gedruckten Werke in seiner Bibliothek einzusehen.

«Das hierdurch in mir angeregte Interesse fand nicht lange nachher volle Befriedigung, als ich (1820) auf Savigny's Rath mich zu Vorlesungen über den Civilprozess rüstete. Mit freudiger Ueberraschung fand ich in den Schriften der Glossatoren über diesen Lehrzweig die unentbehrliche Ergänzung der aus den römischen, den canonischen und den Reichsgesetzen gar nicht zu begreifenden Bildungsgeschichte des gemeinen Civilprozesses, und machte in einer längeren Vorrede zu dem Grundrisse des Civilprozesses (1821) meine Entdeckung bekannt. Hugo und Savigny waren selbst überrascht über die Früchte, die ihr gelehriger Schüler von dem durch sie gepflegten Baume gepflückt[30].»

Ebenso lautet Böcking's Zeugniss. «Ich hatte,» so erzählte er später selbst an Savigny[31], «die Mitte meines fünfjährigen Studiums schon überschritten, schon viele, auch juristische Vorlesungen gehört; aber erst auf meinem Sitze vor Ihrem Katheder begann sich mir das Heiligthum der Rechtswissenschaft zu erschliessen.»

Als dann Böcking 1826 unter Savigny's Augen seine akademische Laufbahn betrat, förderte Savigny den Jüngling mit seltenster Freundlichkeit und Güte.

Natürlich gingen die meisten von Savigny's Schülern in die Praxis über, und je tiefer der von Savigny empfangene Eindruck war, um so eifriger mussten sie bestrebt sein, die Ergebnisse seiner Forschungen praktisch zu verwerthen. Kein Wunder also, wenn die Praxis bald vielfach in's Schwanken gerieth, ja für eine Zeit lang ihre früheren Principien zu Ehren der neu erlernten aufgab, bis deren Unzweckmässigkeit für unser heutiges Leben sich herausstellte und die Rückkehr zu den früheren Grundsätzen erfolgte. — Der inzwischen zur Regierung gelangte König Friedrich Wilhelm IV., Savigny's Schüler und Verehrer, übertrug ihm 1842 das Ministerium für die Revision der Gesetzgebung; so legte Savigny seine Lehrthätigkeit für immer nieder. Als sein Nachfolger ward P u c h t a von Leipzig berufen, der sich selbst als Savigny's Schüler bekannte und sich als solcher auch durch sein Werk über das Gewohnheitsrecht legitimirt hatte. Aber Puchta's so glänzend aufsteigendes Leben sollte nicht zu voller Entfaltung gelangen : er starb, noch nicht 48 Jahre alt, bereits Anfangs 1848, und so musste schon ein zweiter Nachfolger für Savigny berufen werden. Die Wahl fiel auf K e l l e r, den berühmten Wiedererwecker des klassischen Prozessrechts.

Savigny hatte das Ministerium nach einigem Schwanken angenommen; seine aufrichtigen Freunde hätten lieber eine Ablehnung gesehen. «Bei Ihrer Ernennung zum Minister,» so schrieb Jacob Grimm später an Savigny, « erschraken Ihre alten Freunde. »

« Nicht dass unter ihnen Einer gezweifelt hätte, Sie seien vollkommen fähig und würdig, so ein hohes Amt mit Ehren auszufüllen. Allein es kümmerte uns, Sie der bewährt heilsamen, entschiedenen, Ihrer edlen Natur und Gabe auf's Glücklichste entsprechenden Professoren-Stellung nun entrissen und in eine neue Lage gebracht zu sehen, die, jene Befähigung ganz unangeschlagen, ungleich weniger gemacht schien, Ihrem wahren grossen Talent, dem ein Magisterium mehr als ein Ministerium angemessen war, seinen Spielraum frei zu lassen. Seltsam fügte sich, dass, wer mit solchem Erfolg das

3

Straucheln und die Unbeholfenheit neuer Gesetzgebungen
bloss gestellt hatte, nun lange Stunden des Tages damit
hinbringen sollte, neue Gesetze zu entwerfen, entwerfen
zu helfen und abzuwägen. »

Werfen wir einen kurzen Blick auf Savigny's neue
Thätigkeit, so finden wir ihn überall von unüberwind-
lichen Schwierigkeiten und Hemmnissen umlagert.
Die politische Bewegung hatte sich vor allem der Reform des preussischen Strafrechts bemächtigt, die,
schon längst im Fluss, doch zu keinem Abschluss gelangen konnte. 1843 ward der nach den Beschlüssen
des Staatsraths neuerdings umgearbeite Entwurf den
Provinziallandtagen zur Begutachtung vorgelegt, stiess
aber besonders bei den rheinischen Ständen auf den
heftigsten Widerstand. Es war klar, dass deren Be-
rathungen durch ein unüberwindliches Misstrauen in
die Absichten der Regierung bestimmt wurden, dass
man das liebgewonnene französiche Recht für gefährdet
erachtete. So sahen sich die Justiz-Minister Mühler und
Savigny veranlasst, dem Landtags-Abschied eine Denk-
schrift beizulegen, in der nicht nur das Verhalten des
Landtags, sondern auch die französische Strafgesetz-
gebung, die einer wesentlichen Verbesserung nicht
bedürftig sein sollte, einer strengen Kritik unterworfen
ward. Als dann das gesammte Material an Savigny
überwiesen worden war mit dem Auftrage, die nöthigen
Aenderungen des Entwurfs bei dem Staatsrath zu be-
antragen und nun 1845 der revidirte Entwurf wieder
vorgelegt ward, hatte Savigny die Aufgabe, denen gegen-
über, die eine blosse Verbesserung der verschiedenen,
damals in Preussen geltenden Strafgesetzgebungen be-
absichtigten, den Plan einer einheitlichen Strafgesetzge-
bung für den ganzen Staat zu vertreten.

˙ Aber auch dieser Entwurf ward nicht acceptirt. Auch die Revision des Eherechts war Savigny übertragen. Die allzu liberale Praxis des vorigen Jahrhunderts, die das Landrecht legalisirt hatte, sollte einer grössern Strenge und den Lehren des Christenthums wieder Platz machen. Vor allem war es auf Beseitigung einiger nichtbiblischer Scheidungsgründe abgesehen.

In der That hatten namentlich die Romantiker Theorien über die Ehe aufgestellt und praktisch zu machen gesucht, die nicht geduldet werden konnten. Ward doch sogar eine Versuchsehe als möglich, ja als wünschenswerth hingestellt.

Neben Friedrich Schlegel's Lucinde kämpfte auch Brentano's Godwi direct gegen das Institut der Ehe an. Auch Wilhelm Schlegel's Ehe mit der Dame Lucifer ward nach kurzem Bestand 1802 auf ihr gemeinschaftliches Gesuch durch landesherrliches Dekret geschieden, und desselben Schlegel zweite Ehe mit der Tochter des Kirchenraths Paulus noch rascher als die erste getrennt.

Aehnliche Verhältnisse beobachtete Savigny in seiner nächsten Nähe. Clemens Brentano, der nach anderen Liebesabenteuern für eine emancipirte Emigrantin aus der Vendée geschwärmt, dann 1803 eine von ihrem Mann gleichfalls aus fürstlicher Machtvollkommenheit geschiedene Katholikin geheirathet, also eine nach seinem eigenen, dem katholischen Kirchenrecht nichtige Ehe geschlossen hatte, die jedoch durch einen lutherischen Geistlichen eingesegnet worden war, schloss nach dem baldigen Tod dieser Frau 1808 eine zweite Ehe mit einer bis zur Narrheit excentrischen Dame, die in der Residenz des Königs von Westfalen in phantastischer Tracht, meist hoch zu Ross, eine herausfordernde Rolle spielte. Es war um dieselbe Zeit, als Jacob Grimm

in Cassel als Bibliothekar des Königs Jérôme angestellt
war.

Eine Zeit lang von Brentano getrennt, lebte diese
Frau wieder mit ihrem Gatten zusammen in Landshut
und zwar bei Savigny, dessen Vermittlungs- und Ver-
söhnungsversuche keinen Erfolg haben konnten. Auch
hier war eine Scheidung das Ende.

Der Umschlag zu einer ernsteren Auffassung der Ehe
konnte nicht ausbleiben. Nachdem die Bestimmungen des
Code Napoleon über die Ehescheidung auch von Savigny
in seinem Beruf eine sehr lebhafte Kritik erfahren hatten
— «gerade das Unständigste in der ganzen Geschichte
der römischen Ehescheidung, so sagt er S. 64, ist zum
allgemeinen Ekel in den Art. 230 aufgenommen» — erschien 1816 in Frankreich jenes, das katholische Dogma
reproducirende lakonische Gesetz : *le divorce est aboli.*

Der von Savigny nun vorgelegte Entwurf eines preussischen Eherechts stand dem neuen französischen Gesetz
ungleich näher als dem Landrecht. Aber schon bei der
Berathung im Staatsrath trat die stärkste Verschiedenheit
der Ansichten hervor und es fehlte nicht an den leiden-
schaftlichsten Erörterungen.

Auch dieser Entwurf litt Schiffbruch. Nur ein anderes
Verfahren in Ehesachen ward durchgesetzt, dagegen die
Frage der Ehescheidungsgründe ungelöst einer spätern
Zeit überlassen.

Als charakteristisch für die katholisirende Richtung
Savigny's ist noch hervorzuheben, dass er, der als Pro-
testant eine Katholikin geheirathet hatte, seinen Sohn,
den spätern preussischen Gesandten, streng katholisch
erziehen liess. Bekanntlich warf sich, wie Friedrich
Schlegel, so auch Brentano, der für Savigny's Kinder
Märchen gesammelt und den namentlich Savigny's 1835

in Athen verstorbene Tochter innig verehrt hatte, bald
dem wundergläubigsten Katholicismus in die Arme.

Aus dem letzten Jahr von Savigny's Ministerium hat
uns Jacob Grimm abermals ein Bild gezeichnet, das
seine Bemerkung illustrirt, wie er ein dem Lehrer in
allem unähnlicher Schüler geworden sei. Von Cassel
nach einem viel bewegten Leben nach Göttingen berufen,
war er, als der neue König Ernst August die Verfassung
umstürzte, des Landes verwiesen worden, weil er an
seinem Eide festzuhalten erklärt hatte. Nun lebte er seit
1840 in Berlin als Mitglied der Akademie, wo er Vorlesungen über die Alterthümer des deutschen Rechts hielt
und die Sammlung der Weisthümer eifrig förderte.

Hören wir nun, was er über Savigny im Jahr 1847
erzählt.

«Es war des Königs Geburtstag, der 15. October 1847.
Vier und vierzig verflossene Jahre hatten mich und Sie
in wechselnde Lagen und mich wenigstens aus dem
Gleise meiner Laufbahnen gebracht. Ich stehe an einer
Wetterscheide.

Zur Mittagstafel bei Ihnen geladen, that ich vorher
einen einsamen Gang durch den schon feucht gewordenen
Thiergarten. Mein Herz aber gedachte Ihrer und hatte
Freude in sich gesogen darüber, dass Ihnen eben ver-
gönnt wurde, den sechsten Band des römischen Rechts,
von welchem seit 1841 nichts erschienen war, auszugeben
und damit jede Besorgniss zu verscheuchen, das grosse
Werk möge unbeendigt bleiben. In der Wilhelmstrasse
unter rollenden Wagen angelangt, ging man über breite
belegte Stufen, neben welchen ausländische Gewächse in
Kästen standen, hinauf. Den von Kerzen hell erleuchteten,
mit Teppichen bedeckten Sal erfüllten viele, dem meisten
Theil nach mir unbekannte, glänzend gekleidete Leute;

mir konnten Sie vor dem Gedräng kaum eine Finger-
spitze im Handschuh reichen. Dortchen, wie sie auf
meine Bitte zu thun pflegt, hatte auch meine Orden mir
an den Rock genäht, die leise rappelten, und vielleicht
doch nicht ganz an der gehörigen Stelle sassen. Für
unser Einen ist es gar mühevoll, solche Ehrenzeichen
hervorzuholen, zu ordnen, anzuheften, wieder abzulösen
und zu verwahren.

«Die ganze Gesellschaft nahm nun bald jeder seine
Stelle ein und das Mahl erging sich, wie es der Brauch
mit sich bringt, bei überströmenden Speisen und zö-
gerndem, stockendem Gespräch, weil jene von allen
Seiten dargereicht werden, dies aber nach allen Seiten
zurückgehalten und gespart bleibt....»

Ich führe nur noch den Schluss der Erzählung an.

«Zu geschweigen nun, meint Grimm, dass uns die
alten Erinnerungen immer theurer sind als die neuen,
wird mir Niemand verargen, dass ich an Ihnen im
Marburger Oberrock zehnmal stärker hänge als im
Ministerkleid, die frische Luft des Berges vorziehe der
schwülen des Sales, die offene Ansprache der zurück-
gehaltenen.»

Während die Märzereignisse des Jahres 1848 Savigny's
Ministerium ein Ende machten, ward Jacob Grimm in
die deutsche Nationalversammlung zu Frankfurt gewählt.

In seiner ungewohnten Musse war es Savigny's erstes
Geschäft, nicht nur den 7. und 8. Band seines Systems,
also den allgemeinen Theil desselben zu vollenden, (1848
und 1849), sondern auch seine zerstreuten Abhandlungen,
die theils in den Heidelberger Jahrbüchern, theils in
seiner historischen, theils in Ranke's historisch-politischen
Zeitschrift erschienen waren, dazu einzelne seiner amt-
lichen Arbeiten, zu sammeln und nochmals an den späteren

Forschungen Anderer zu prüfen. Sie erschienen dann bereits 1850 in 5 Bänden als vermischte Schriften, und gewährten einen Ueberblick über die Entwicklung unserer Rechtswissenschaft in den letzten fünfzig Jahren, eine Entwicklung, woran der Verfasser, wie er mit Genugthuung sagen durfte, einen oft nicht unthätigen und stets warmen Antheil genommen hatte.

Als Savigny's fünfzigjähriges Doctorjubiläum herannahte, rüstete sich fast das ganze rechtsgelehrte Deutschland, dem Lehrer der Nation ihre Verehrung und Dankbarkeit auszudrücken und den 21. October 1850 zu einem Ehrentag für das Vaterland zu machen.

Savigny's hohe Gestalt stand noch aufrecht, noch war sein Haar ungebleicht, nur ein leiser Zug von Trauer lag auf dem Antlitz.

Jacob Grimm hatte die unschuldige Lust verspürt, den Titel von Savigny's berühmtem Werke : «Das Recht des Besitzes. Eine civilistische Abhandlung» zu parodiren und schrieb : «Das Wort des Besitzes. Eine linguistische Abhandlung.» Voran geht ein an den fünfzigjährigen Doctor Juris gerichtetes Schreiben, in dem Grimm aus früher und später Zeit gleichsam zwei Bilder darstellt, die dem Jubilar ein Zeugniss geben sollen seiner Anhänglichkeit und Liebe, Bilder, die ich wenigstens zum Theil bereits vorgeführt habe.

Hier sprach Grimm auch den Wunsch aus, Rudorff möge das, was von dem heiligen Alterthum der zwölf Tafeln und der übrigen Gesetzgebung der Römer noch übrig sei, bequem und gelehrt sammeln, da er ja darin lebe und webe. Bekanntlich hat Rudorff diesen Wunsch erfüllt und sein Werk Savigny gewidmet.

Aber schon an Savigny's Ehrentag brachte auch ein Arndts sein Lehrbuch der Pandekten dar, indem er,

allzu bescheiden, auf sich selbst den Gœthe'schen Spruch
von den Kärrnern anwandte, die zu thun haben, wenn
die Könige bauen!

Auch Savigny selbst sollte noch einmal als Schriftsteller
auftreten. Der dringenden Bitte eines Landshuter Schülers,
freilich nur mit Widerstreben nachgebend, publicirte er
1851 den ersten Band des Obligationenrechts, eines
Werks, das den speciellen Theil des Systems eröffnen
sollte. 1853 folgte noch ein zweiter, aber auch letzter
Band. Bitten um eine Fortsetzung des Werks widerstand Savigny fortan mit Entschiedenheit, der Abnahme
seiner Kräfte sich wohl bewusst.

So schloss auch seine schriftstellerische Thätigkeit ab.
gerade 50 Jahre nach dem Erscheinen seines Werkes
über den Besitz.

Als nun das fünfzigjährige Jubiläum der Universität
Berlin begangen ward, da war Savigny von all den in
jener grossen Zeit vereinigten Lehrern der einzig noch
übrige. Fichte war bereits 1814 gestorben, nachdem
die Nachricht von dem siegreichen Vorgehen der Verbündeten seine letzte Stunde erfreut; ihm war Niebuhr
1831 gefolgt, der 1823 aus dem preussischen Staatsdienste ausgeschieden war, diesem 1834 Schleiermacher,
zuletzt 1854 Eichhorn, der sich 1833 ganz dem prak-
tischen Staatsdienste gewidmet, dann aber 1847 seinen
Abschied genommen hatte.

Savigny sollte auch noch sein eigenes 60jähriges
Doctorjubiläum feiern, das sich abermals zu einer
erhebenden Kundgebung gestaltete. Da brachte sein
nun auch betagter Schüler Böcking, der berühmte
Herausgeber der Werke Hutten's, der iurisconsultus
philologus, dem Theodor Mommsen noch seine kritische
Pandektenausgabe widmen konnte, der selbst als Jüng-

ling Savigny seinen Brachylogus mit den plautinischen
Worten gewidmet hatte :

**Si ego item memorem, quæ med erga multa fecisti bene,
Nox diem adimat**

zu diesem seltenen Feste die fünfte Auflage seines reichen Pandektengrundrisses dar, den er ohne Savigny
nicht hätte machen können.

Des ehrwürdigen Jubilars Tage waren nun gezählt.
Nur eine kurze Frist nach seines königlichen Schülers
Hinscheiden, am 25. Oktober 1861, schied der Fürst der
deutschen Rechtswissenschaft aus einem Leben, das so
reich gesegnet war, wie das wenig Sterblicher.

Nahmen die weitern Kreise seinen Tod kühl hin —
für sie war er ein längst abgeschiedener Geist —, so
wusste die deutsche Juristenwelt doch, dass ihr glänzend-
ster Stern erloschen sei.

Aber wir dürfen mit dem Dichter sagen : Wer den
Besten seiner Zeit genug gethan, der hat gelebt für alle
Zeiten !

Mit seinem und seiner meisten Schüler Hingang ist
ihre Wirksamkeit nicht dahin. Ihr G e i s t lebt fort, der
Geist ächter wissenschaftlicher Forschung, und bereitet
dem wüsten Stoff des gemeinen Rechts eine Wiedergeburt,
eine Umgestaltung zu dem von uns Allen sehnsüchtig
erwarteten Reichscivilgesetzbuch.

Neue grosse Thaten, nur denen vergleichbar, wie sie
Savigny als junger Professor mit erlebte, haben nach
seinem Tode den Traum und die Sehnsucht unserer
Väter verwirklicht. Kaiser und Reich sind neu erstanden.
Thibaut's patriotischer Vorschlag ist nun schon seit
Jahren im Werk und bereits nahet der Tag, an dem
wir das römische Recht der Geschichte übergeben können.

Der durch Savigny wieder erweckte Geist beson-
nener Prüfung bürgt aber dafür, dass wenn dieser Tag
erscheint, der Tag, an dem, so Gott will, unsers erhabenen
Kaisers W i l h e l m Gebot das deutsche Gesetzbuch im
ganzen grossen Vaterlande verkündet, es ein Tag des
Heils und Segens sein wird, — zunächst für das V o l k,
dem nunmehr Normen geboten werden, die, aus seinem
eigenen Geist entsprungen, es auch hier aus der Zer-
rissenheit zurückführen zu dem stolzen Gefühl der Einheit; — dann für die g e r i c h t l i c h e P r a x i s, die jetzt
von der Wissenschaft nicht ausreichend unterstützt, die
gelehrten Forschungen mit sehr verständlichem Misstrauen
entgegennimmt oder auch gänzlich ablehnt; — endlich für
die W i s s e n s c h a f t d e s R e c h t s, die bisher gerade
nur in Deutschland ihre Jünger ohne rechten Zusammenhang, in Romanisten und Germanisten geschieden, ihre
Wege gehen, ja, da ihr Objekt grösstentheils nicht der
Gegenwart entnommen werden konnte, sondern in dunkler
Vergangenheit gesucht werden musste, nicht selten auf
Irrwegen schweifen sah, fortan aber alle zu e i n e m
nationalen Werk treulich vereinigen wird, die dann
selbst nicht mehr als graue Theorie erscheint, sondern
als die Erkenntniss unseres eigenen socialen Lebens, und
damit als getreueste Genossin der Praxis!

Wie Savigny sich zu dem neuen Werke stellen würde,
ist eine müssige Frage. Aber zu betonen ist, dass Savigny's
grundsätzliche Opposition gegen die Gesetzgebung als
einseitig und unhaltbar erscheint, da in allen höher
cultivirten Staaten des Rechtes wichtigste Erscheinungs-
form nicht das Gewohnheitsrecht, sondern das G e s e t z
ist.

Zu betonen ist ferner, dass grade die historische
Schule, die conservativ sein wollte, revolutionär wirkte,

indem sie den Assimilirungsprozess, durch den die
früheren Jahrhunderte das fremde Recht den modernen
Bedürfnissen anzupassen begonnen hatten, gewaltsam
unterbrach und so gewissermassen eine z w e i t e Re-
c e p t i o n des römischen Rechts bewirkte. So hat grade
die historische Schule das Bedürfniss der Codification
wesentlich gesteigert.

Und dennoch ist es die durch Savigny wieder zur
Geltung gekommene M e t h o d e, die uns befähigt, nun
ein Gesetzbuch abzufassen, das seinen Vorgängern über-
legen sein wird. Die Abfassung aber geschieht auch jetzt
keineswegs in dem überlegenen Gefühl des nun erlangten
Berufs, sondern in dem Bewusstsein, dass eine unab-
weisliche Pflicht zu erfüllen ist, eine Pflicht gegen die
gesammte Nation.

Dass wir aber diese Pflicht nicht mit trauriger Re-
signation, sondern mit Freude und voll Zuversicht auf
eine bessere Zukunft zu erfüllen uns anschicken, das
danken wir dem Haupt der historischen Schule. So
grüssen wir Savigny mit Fug als den V a t e r   u n s e r s
w e r d e n d e n   G e s e t z b u c h s !

ANMERKUNGEN.

---

[1] Was V i l m a r, Geschichte der deutschen Nationallite-
ratur, S. 485 der 10. Aufl, von G ö t h e sagt, gilt ebenso von
Savigny, nämlich dass wir durch ihn «v e r lernt haben unsere
unruhige, krankhafte Krittelei, mit welcher wir an die Gegen-
stände heftig heranzugehen und sie nach unserm Belieben
herumzuzerren und aufzustutzen pflegen; v e r lernt haben
die Hast des vorschnellen Urtheilens und Aburtheilens; g e -
lernt haben unsere Vorurtheile ablegen und uns vor Allem
den Dingen, die uns gegenüberstehen, mit Liebe zu öffnen;
g e lernt, dass wir zuvörderst und immer wieder zu lernen
und uns unterzuordnen haben.»

[2] G ö t h e's Werke (Ausg. letzter Hand), XLIX, 132 :
«Wenn die Franzosen uns von jeher den Fleiss nicht
streitig machten, aber ihn doch als operos, mühsam und
lästig ansahen, so schätzen sie jetzt mit besonderm Nach-
druck diejenigen Werke, die wir gleichfalls achten : ich ge-
denke vor Allem der Verdienste Savigny's und Niebuhr's.»

Wie sehr diese Anerkennung Savigny schmeicheln musste,
zeigt am besten die Sorgfalt, mit der er in seinen «Erinne-

rungen an Niebuhr's Wesen und Wirken» (1839. Verm. Schr..
IV, S. 235 ff.), die Zeugnisse Göthe's, «welchen wir alle als
Meister verehren,» für Niebuhr zusammenstellt.

«Bei andern Zeugnissen, meint Savigny, ist immer noch der
Zweifel denkbar, ob sie nicht entweder von parteiischen
Freunden und Zunftgenossen, oder von der unkundigen
Jugend herrühren, wodurch ihr Gewicht vermindert werden
könnte; hier verschwindet selbst die Möglichkeit eines solchen
Zweifels.»
Savigny's eifriges Studium von Göthe's Schriften zeigt
eine Reihe von Stellen in seinen Werken.
Von einem direkten Verkehr Savigny's mit Göthe verlautet
meines Wissens nichts. Dagegen hatte Savigny's Frau Göthe
im November 1807 besucht (Gödeke : Göthe's Leben und
Schriften, S. 441), und seine Schwäherin Bettina correspon-
dirte mit Göthe auch, als sie sich bei Savigny aufhielt
(S. Löper : Briefe).

3 Guyet: Thibaut's jurist. Nachlass, I. Bd. Vorwort, S. XVI.
Sehr zu bedauern ist, dass noch immer keine genügende
Biographie Thibaut's vorliegt. Interessante Mittheilungen
zur Zeitgeschichte geben gelegentlich seine civilist. Abhandlungen, 1814.

4 Rudorff, l. c. Vgl. übrigens Huhn: Gesch. Lothringens.
II, S. 149 ff.

5 Spittler's Andenken ist erneuert von David Strauss: Ges.
Schriften, II, S. 83-117.

6 Der 10. Mai 1788. Verm. Schr. IV, S. 195 ff.

7 Das Wort des Besitzes. In J. Grimm's kleinern Schriften I.
(1864), S. 115 f. In seiner Selbstbiographie (a. a. O., I, S. 5)
erzählt J. Grimm : «Ich hörte bei ihm (Savigny) Winter 1802-3
juristische Methodologie, sowie Intestaterbfolge (das im Sommer
1802 von ihm gelesene testamentarische Erbrecht wurde aus
Heften anderer Studenten abgeschrieben und nachgeholt).
Sommer 1803 römische Rechtsgeschichte, Winter 1803-4
Institutionen und Obligationenrecht.»

[8] Ueber das Verhältniss Savigny's zu Clemens Brentano, s. das Werk der Jesuiten Diel und Kreiter: Clemens Brentano. Ein Lebensbild nach gedruckten und ungedruckten Quellen, 2 Bde, 1877 und 1878. Das Personenverzeichniss gibt unter «Savigny» (II, S. 570) alle auf ihn bezüglichen Stellen sorgfältig an. Ueber die Märchensammlung für Savigny's und Schinkel's Kinder, daselbst, II, S. 11 f.

[9] A. a. O.

[10] Menzel: Denkwürdigkeiten, S. 566.

[11] Selbstbiographie. Kleine Schriften, I, S. 8.

[12] Gönner's Arch. für die Gesetzgebung, Bd. I u. II.

[13] Diel a. a. O. I, 321.

[14] System, VII, S. IX f.

[15] Geschichte, I, S. XV. Nach Niebuhr's Tod schrieb Savigny «Erinnerungen an Niebuhr's Wesen und Wirken.» Verm. Schriften, IV, S. 209 ff.

[16] Erinnerungen an Niebuhr, a. a. O., S. 222.

[17] Pertz: Das Leben Stein's, V, S.

[18] Geschichte, I, S. XIV.

[19] Pertz, a. a. O., S. 21 f.

[20] Sepp: Görres, S. 180 f.

[21] Beruf, an verschiedenen Stellen.

[22] Worte von Stinzing's, a. a. O.

[23] Vgl. Arndts' Civil. Schriften, III, S. 269, Anm.

[24] Verm. Schriften, V, S. 115 ff.

[25] Verm. Schriften, III, S. 157.

[27] Beruf S. 157. Vgl. Puchta's Vorlesungen, I, S. 82.

[28] Sepp: Görres, S. 99.

[29] Verm. Schriften, 311.

[30] Bethmann-Hollweg: Prozess Bd. VI, Vorrede.

[31] Pandekten. Grundriss eines Lehrbuchs, 5. Aufl., 1861, Vorrede.